PEINTRES CONTEMPORAINS

JEAN DESBROSSES

PAR

FRÉDÉRIC HENRIET

PARIS
A. LEVY, ÉDITEUR, 13, RUE LAFAYETTE

1881

JEAN DESBROSSES

ESQUISSE BIOGRAPHIQUE

Jean Desbrosses
Imp Lemercier & Cie, Paris

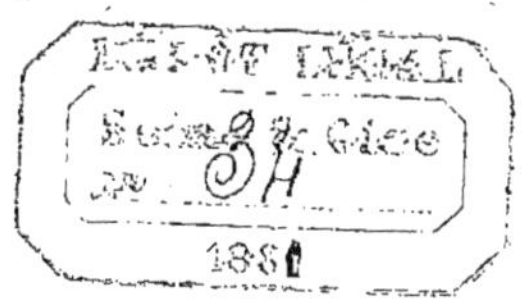

PEINTRES CONTEMPORAINS

JEAN DESBROSSES

PAR

FRÉDÉRIC HENRIET

PARIS
A. LEVY, ÉDITEUR, 13, RUE LAFAYETTE

1881

PEINTRES CONTEMPORAINS

JEAN DESBROSSES

I

Il y a quelque vingt ans, nous publiions dans le Journal « l'ARTISTE » une étude sur Chintreuil où nous étions du moins le premier — qu'on nous pardonne de le rappeler — à signaler le talent original et la personnalité intéressante du peintre. Un inconnu biographié par un plus inconnu, cela fit un peu sourire [1]. Quinze ans plus tard, le pauvre Chintreuil mourait célèbre. C'est la biographie de Jean Desbrosses qui me tente aujourd'hui. On me reprochera sans doute encore de prendre les devants sur la Gloire. Mais j'aime mieux être la voix qui jette un nom à la foule que l'écho qui le répète. Le beau mérite vraiment de s'apercevoir qu'un homme a du talent quand les mille trompettes de la renommée, sous la figure toute moderne de reporters et de salonniers, le proclament à l'envi ! Ma méthode m'a déjà réussi avec Chintreuil. — Pas plus que Chintreuil,

(1) Voir appendice.

mon ami Jean Desbrosses ne trompera nos espérances.

J'ai dit mon ami, et je ne m'en dédis point. Je ne suis pas de ceux qui croient que ce titre infirme l'autorité d'un biographe. Je voudrais au contraire que tous les artistes susceptibles d'intéresser la postérité trouvassent dans leur intimité le monographe qui doit raconter leur vie, et je ne reprocherais même pas à l'historien d'avoir aimé chaleureusement son héros; car l'affection n'est pas nécessairement aveugle ou complaisante. Si parfois, dans ces conditions, le juge n'est pas infaillible, le témoin est toujours irrécusable, et c'est le principal, car les jugements se réforment, mais le document reste. Je vais plus loin, et déclare que je ne vois pas de raison sérieuse pour suspecter *à priori* l'impartialité de l'ami. Celui-ci, pour qui l'atelier n'a pas de secrets, est généralement plus réfractaire à l'admiration que le visiteur fortuit toujours facile à éblouir. Sans doute l'amitié peut avoir ses entraînements; mais elle est à l'abri des surprises. Dans une première visite à un atelier arrangé pour la circonstance, en une heure de causerie fugitive, le biographe de passage et d'occasion subit le prestige d'un talent et d'une physionomie qui ne laissent voir que leurs côtés favorables. L'ami est plus long à conquérir; mais, alors, il n'est pas seulement séduit; — il est convaincu. C'est donc avec la plus entière bonne foi que je présente au lecteur cette étude sur Jean Desbrosses, heureux si, en dépit des résistances que rencontre inévitablement le soldat de l'avant-garde, je réussis à pratiquer la brêche par où passera le grand public.

Jean-Alfred Desbrosses naquit à Paris, rue des Saussaies, le 28 mai 1835, dans un pauvre ménage ouvrier chargé d'enfants. Quel souffle romantique passa à travers cette humble famille? Je ne sais; mais l'art prit successivement au pauvre père ses trois fils. L'aîné, qui mourut jeune, montrait déjà du talent comme sculpteur ; le second, Léopold, qui existe encore, s'est fait une notoriété doublement justifiée comme peintre et comme aquafortiste. Le troisième, Jean, ne devait pas tarder à suivre l'exemple des deux autres. L'art serait-il comme ce clou fatal auquel viennent se pendre, l'un après l'autre, sous le coup du vertige, tous les imprudents qui l'ont fixé d'un regard trop persistant ! Pour le père Desbrosses navré, l'art était moins que cela encore : c'était tout simplement une forme orgueilleuse et hypocrite de la fainéantise.

Les deux aînés étaient liés avec un jeune homme du nom de Chintreuil, peintre par vocation et commis libraire par nécessité. Ils amenaient souvent leur ami au logis, et Chintreuil, sur l'invitation du papa ou de la maman, s'asseyait quelquefois à la table de la famille où fumait joyeusement la soupe au lard. Ces jours-là, c'était fête pour le petit Jean, plus jeune que Chintreuil d'une quinzaine d'années. Ce dernier s'en était fait un ami en lui apportant des crayons, et l'enfant lui témoignait sa joie en lui grimpant familièrement aux jambes. Le père ne prit pas garde à cette contrebande de guerre ; et pourtant, des crayons, c'était l'allumette près de la soute aux poudres.

Bientôt éclata la révolution de 1848 qui amena les lampions, les promenades sinistres de prolétaires, le chômage et la misère. Le père Desbrosses mit Jean, malgré ses protestations, en apprentissage chez un tapissier ; mais dans ces temps d'effervescence tapageuse où le peuple français s'initiait à la vie publique en battant le rappel du matin au soir, le jeune commis passait sa vie à ouvrir et à refermer la boutique, tant et si bien que la boutique ne rouvrit plus du tout.

Jean rentra chez son père où il s'essaya à dessiner ; mais le père ne l'entendait pas ainsi : « dessiner, c'est bon pour les paresseux et je n'ai pas le moyen de te nourrir à rien faire... » Jean se montre très sensible à cet affront ; sa fierté se révolte. « Il n'en mangera plus de ce pain qu'on lui reproche ?... Il saura bien gagner sa vie... » Il part malgré les larmes de sa mère ; et va trouver son frère Léopold. « Il travaillera avec lui... » Mais celui-ci blâme sévèrement son coup de tête, le raisonne, essaie de le calmer, lui déroule tout un avenir de misère ; tout cela sans succès. Repoussé, mais non convaincu, Jean court frapper à la porte de Chintreuil qui lui chante absolument la même antienne. Mais Jean est tenace ; il prie, il supplie : « Il gagnera de l'argent, il fera des coloriages, il fera la soupe... le ménage... ou bien il se jettera pardessus le pont... » L'argument est topique. « Diable ! pensa Chintreuil, c'est qu'il le ferait comme il le dit. » et il capitula.

Voilà donc Jean Desbrosses installé et, à dater de ce jour, inféodé à Chintreuil comme les rapins, au XVIe siècle, l'étaient aux maîtres de la Renaissance. Jean fait aussitôt deux parts de sa journée, l'une pour battre monnaie avec les coloriages, l'autre pour étudier. Bientôt l'élève monte en grade et aborde « le chemin de croix ». Mais au fur et à mesure qu'il gagne un peu plus d'argent, il diminue le temps des travaux rémunérés au profit des heures réservées au dessin, à la peinture des natures mortes, voire du paysage ; car le printemps a souri, et nos deux artistes poussent de fréquentes reconnaissances aux environs de Paris. Ils rentraient de ces excursions brisés de fatigue ; avec une pochade dans la boîte à couleur, et impatients de prendre encore la clé des champs.

Igny surtout les a séduits avec ses fraîches prairies, ses coteaux boisés, sa petite rivière paresseuse, et ses frémissants rideaux de peupliers qui rappelaient à Chintreuil les longues et tristes files de trembles sous lesquels il allait rêver, enfant, sur la route de Bourg à Pont-de-Vaux. Ils s'y installèrent tant bien que mal. Igny devint le centre de leurs expéditions et le berceau d'une école qui compta bientôt pour adeptes Georges de Lafage, les frères Desbrosses, Caqué [1], Carette, etc.

(1) Voir Appendice.

Ce Carette, transfuge de l'atelier d'Aligny, étonnait le cenacle par ses violents paradoxes et ses prodigieuses excentricités. Il avait de l'instruction et de l'esprit. Ce fut peut-être ce qui le perdit, car il devint le doctrinaire de la bande ; et en systématisant la poétique ingénue et naïve de Chintreuil, il l'avait déflorée, stérilisée. S'épuisant à des recherches d'une minutie incroyable, il passait des mois, des saisons sur une étude qu'il ne pouvait jamais achever, car la nature n'attendait pas qu'il eut fini pour vivre, s'épandre et changer. C'était rouler un rocher de Sysiphe. Vivant d'une très minime rente viagère que la prévoyance inquiète de sa mère lui avait assurée, il peignait pour lui seul, cachant comme un avare et un jaloux, aux yeux profanes, ses études qui n'étaient point sans mérite, et qui eussent été d'ailleurs très curieuses à regarder, fût-ce comme cas de pathologie artistique.

Ce peintre dévoyé se vengea bientôt de son impuissance en déchirant à belles dents ses confrères. Apre, mordant, venimeux, traitant tout le monde en ennemi, même les personnes qui l'avaient obligé, il devint le plus amer des misanthropes et vécut de plus en plus délaissé. Le pauvre diable était donc à peu près oublié de tous ceux qui l'avaient connu lorsqu'on apprit l'an dernier qu'il venait de mourir misérablement, sur un lit d'hôpital (1), sans qu'une main amie pressât une dernière fois la sienne.

(1) Carette mourut à l'hôpital Cochin le 7 juin 1879.

On nous pardonnera d'avoir voulu noter, en passant, la vie et la mort de cet original, de ce réfractaire, fin causeur d'atelier toutefois, dont tant d'artistes ont écouté, non sans plaisir, les bizarres théories. Il ne reste ajourd'hui absolument d'autre trace de son existence qu'un petit nombre d'études sans signature appelées à exercer un jour la sagacité des amateurs déroutés, et ces quelques lignes.

Nous avons laissé Chintreuil et Desbrosses provisoirement établis, à Igny, dans l'auberge du père Decourt. Toujours amis des voies régulières, ils passèrent bientôt un bail de trois ans pour la location d'un petit logement avec jardin. Ils se flattaient de vivre à meilleur compte dans ces conditions et réduisirent, en effet, leurs besoins à ce strict minimum que les lois sociales pas plus que les lois naturelles ne permettent de franchir.

Desbrosses était le Maître-Jacques du ménage. Nous avons raconté ailleurs les beaux résultats de sa culture potagère. On pourrait multiplier les anecdotes sur ces temps épiques de la jeunesse de nos deux héros. Ils imaginèrent les inventions les plus fantaisistes, les expédients les plus invraisemblables pour arracher leur pain quotidien aux mauvais vouloirs de la Fortune. C'étaient Robinson Crusoë et Vendredi luttant, non plus dans une île perdue des océans, mais en pleine civilisation. Desbrosses cueillit les lauriers de Vatel en créant de toutes pièces une cuisine sans beurre, économique et négative, que défrayaient les herbes et racines du jardin, et dont la société protectrice des animaux devra lui rester à jamais reconnaissante. Chintreuil et Desbrosses inauguraient une variété encore inconnue de la Bohême; — la Bohême ordonnée, laborieuse, honnête, celle qui supprimait les besoins par horreur des dettes, et qui se consolait des privations avec l'éclat de rire de ses vingt ans! Beaux jours que devait bientôt clore brutalement la maladie qui frappa Chintreuil au champ d'honneur, je veux dire pendant qu'il bravait les intempéries avec la folle témérité de la jeunesse, en peignant pendant de longues heures, dans les prés humides, au milieu des brumes du matin ou des refroidissements soudains des crépuscules.

Jean Desbrosses se trouva d'emblée à la hauteur de ce nouveau devoir. Il révéla dans ces rudes épreuves des trésors de douceur et d'énergie, et sauva son cher malade. Mais Chintreuil garda de cette terrible secousse le germe de la maladie qui devait l'enlever, et s'il prolongea dix-huit ans encore sa frêle existence, c'est grâce à des soins de tous les instants, grâce au dévoûment attentif qui veillait constamment sur lui. Et d'abord les médecins interdirent rigoureusement à Chintreuil le séjour d'Igny dont les pernicieuses fraicheurs lui eussent été fatales, et les deux amis dirent un adieu définitif à ce premier théâtre de leurs travaux.

II

Le nom de Chintreuil qui, si on l'analyse d'après la théorie de Balzac, présente à la pensée je ne sais quoi d'étrange, de mystérieux, de crépusculaire, ce nom, dis-je, commençait, par une infiltration lente, silencieuse, mais continue, à faire son chemin de par le monde; les tendres virtuosités de ce pinceau délicat avaient touché quelques amateurs sagaces; de puissantes protections avaient fait tomber sur le peintre, en rosée bienfaisante, la manne de l'administration. Les deux amis jouissaient maintenant d'une aisance relative. Desbrosses se maria, sans se séparer, pour cela de Chintreuil, car le dévoûment délicat de sa femme respecta des liens si étroits et si chers. Ils quittèrent la mansarde du n° 18 de la rue de Seine, pour prendre dans la même rue l'atelier actuel. Nous nous rappelons encore le jour où nous pendîmes gaiement la crémaillère en compagnie de M. Jules Claye, l'imprimeur de goût, un des premiers clients du peintre; de feu Arnould, professeur à la Faculté des lettres de Paris; de M. A. Faure, de Lille, un admirateur de Chintreuil qui a gravé, avec la ferveur d'un adepte, les toiles du maître que possède sa riche collection. Nous couronnâmes cette cordiale petite fête par des toasts chaleureux aux succès prochains et à la gloire future des deux lutteurs.

Ce nouveau train, si modeste qu'il fût, nécessita des dispositions nouvelles. On s'enquit d'un garçon de quinze à dix-sept ans, susceptible de se façonner au service, et sur les indications qu'on leur donna, Chintreuil et Desbrosses se rendirent à un petit hameau des environs de Mantes, à la Tournelle-Septeuil, d'où ils ramenèrent un jeune gars de bonne volonté.

La Tournelle les avait frappés par la variété de ses aspects et par les excellentes conditions de salubrité que le pays semblait offrir. Le hameau, situé à l'extrémité du vaste plateau de Houdan, domine Septeuil et le vallon de la Vaucouleur. D'un côté, c'était l'air pur de la plaine, de l'autre les bois avec leurs émanations fortifiantes, et les fonds de Mantes pour horizon. Depuis que sa santé exigeait des précautions infinies, Chintreuil fuyait plus que jamais les colonies d'artistes et se complaisait dans le travail solitaire. Tout indiquait que dans ces contrées paisibles, jamais peintre n'avait planté son parasol gouailleur. C'était bien là ce qui convenait aux deux amis. Chez les bonnes gens qui leur confiaient leur enfant pour tenir chez eux l'emploi de domestique à tout faire, ils louèrent une pièce qui ouvrait sur le petit jardin clos de haies vives, et les voilà fixés à la Tournelle.

Un beau dimanche qu'il était descendu « à la ville » — je veux dire à Septeuil, — Jean Desbrosses vit des paysans qui se dirigeaient vers une grande maison que ses panonceaux reluisant au soleil signalaient de loin pour l'étude du notaire. Ils paraissaient tout gênés dans leurs habits-vestes qui montraient encore le pli de l'armoire, ou dans leurs blouses battant neuves d'un bleu cru, lustrées, raides et bouffantes. C'est qu'il y avait précisément ce jour-là une adjudication de parcelles sises terroirs de Septeuil, Courgent, la Tournelle ; et c'est, au village, un évènement qui surexcite toutes les convoitises et devient le prétexte de tous les calculs. On entendait de la rue la voix du crieur qui lançait les mises à prix. Curiosité ou tentation, Desbrosses entra. Tous les paysans, l'air défiant, l'œil sournois, la tête basse, gardaient le silence, se dissimulant le mieux qu'ils pouvaient dans les angles de la salle. Jean risqua un signe imperceptible que le notaire traduisit immédiatement par une enchère, et un lopin de trois ares lui fut adjugé pour la somme de trente-six francs. Au nom tout à fait inattendu de l'adjudicataire, toutes les têtes se relèvent à la fois mues par un même ressort, celui de la cupidité déçue et du dépit. Mais le tour était joué. Il n'y avait rien de changé à la Tournelle. Il n'y avait qu'un propriétaire de plus.

Chintreuil prit bien la chose. « Ils avaient donc eux aussi leur bien au soleil ! » Ils coururent sans désemparer reconnaître leur pièce, et quand, « pede libero », ils foulèrent leur terre, ils se livrèrent, sous l'empire de sensations si nouvelles pour eux, aux démonstrations de la joie la plus enfantine. Ils étaient bien à eux aussi, le cahier des charges en faisait foi, « les fruits pendants par racines ». Cela voulait dire en style notarial, les hautes herbes blondissantes et fleuries qui ondulaient au dessus de leur pré en répandant dans l'air parfumé leur poussière fécondante.

Peu de temps après, Jean fit ses foins, et paya le fonds avec le produit de sa récolte. Une opération aussi avantageuse ne pouvait manquer de développer activement chez nos deux propriétaires la bosse de l'acquisivité. — « Que ce doit être bon de se sentir chez soi.... », pensaient-ils; et les voilà qui achètent trois cents francs la maisonnette de la Marie-Catherine; puis un morceau de terre pour en faire un jardin; puis un autre bâtiment pour s'agrandir, puis du terrain encore pour s'arrondir et enclaver la première petite pièce. Il semblait qu'ils fussent atteints de la monomanie de la propriété. Desbrosses en fut bombardé du coup conseiller municipal.

N'allez pas croire pourtant que cette passion les détournât de la peinture. C'était, chez eux, une forme nouvelle de leur amour de la nature. Défricher, dessiner des allées, empierrer des chemins, planter, enclore, n'était-ce pas s'identifier plus étroitement encore avec l'éternel et divin modèle! n'était-ce pas faire en quelque sorte du paysage en action? Ces diverses occupations constituaient d'ailleurs leur unique distraction, leur innocente débauche, en dehors du travail d'après nature qui, je vous jure, n'y perdait rien.

Bientôt on s'aperçut qu'il pleuvait dans la maison, qu'il y soufflait des courants d'air à éteindre les bougies. Ils se décidèrent à construire; nouveaux et attachants soucis! On se fit architecte, voire un peu maçon. On marcha prudemment au fur et à mesure des disponibilités. Comme Balzac aux Jardies, les deux « copains » oublièrent l'escalier. Ils en bâtirent un, hors-œuvre, en briques, surmonté d'une manière de campanille qui donna à l'édifice je ne sais quel faux air de villa italienne.

Construire sa maison, c'est le bonheur ; car c'est toujours le rêve — encore qu'un peu bourgeois ! L'âme est si naturellement inquiète, si fatalement désireuse de ce qu'elle n'a pas, qu'à peine elle se sent fixée, elle proteste contre sa chaîne, fût-elle d'or et de fleurs, et s'éprend d'une autre chimère. C'est ce qu'exprime ce dicton vulgaire : « la cage faite, l'oiseau s'ennuie. » Heureusement, les poëtes n'achèvent jamais leur maison..... Quant au pauvre Chintreuil, la maladie ne devait pas lui donner le temps de se lasser de la sienne. Car le mal était là qui poursuivait lentement son œuvre. Les crises revenaient plus fréquentes, plus longues, et, chaque fois, laissaient le malade plus affaibli, plus épuisé. Mais il tenait la mort en échec à force d'énergie et de volonté. Il voulait vivre pour peindre encore, pour produire avant que le pinceau ne tombât à jamais de sa main défaillante, une page définitive où il pût mettre son âme tout entière.

Par quel miracle Chintreuil réussit-il à réaliser, dans l'intervalle des accès de toux qui le brisaient, ce magique effet de « pluie et soleil » qu'il nous a légué comme sa dernière pensée et son testament artistique? Ne semble-t-il pas qu'il ait exhalé son dernier souffle dans cette déchirante élégie qui, sous la forme d'une lutte entre les forces contraires de la nature, chante l'éternelle dualité de l'âme humaine dont les courtes joies sont si vite traversées par les inquiétudes et les chagrins !

Ce suprême effort l'a terrassé ; à dater de ce moment, sa vie n'est plus qu'une agonie. Aidé des conseils de l'excellent docteur Aimé Martin, ami et compatriote de Chintreuil, qui, plus d'une fois, ne put dissimuler son émotion à la vue de tant de souffrances et de dévoûment, Jean Desbrosses disputa jour par jour, heure par heure, à la mort inexorable, les restes d'une vie qui s'éteignait.

Pour donner un nouveau ressort au malade, en ravivant son espoir, le médecin l'envoie aux Eaux-Bonnes. Mais la fatigue du voyage détermina une fièvre intense qui ne permit pas d'appliquer le traitement. Le pauvre moribond faisait peine à voir et causait la terreur des hôteliers ; car ce sont de terribles gens, ces aubergistes des stations thermales ! Ils aiment à la vérité qu'on soit un peu malade, mais ils détestent qu'on prenne la liberté de mourir chez eux. Cela jette un froid à la table d'hôte et trouble les violons des casinos. Aussi, quand ils n'ont pas réussi à se débarrasser à temps des pensionnaires *in extremis*, s'entendent-ils à merveille à dissimuler leurs morts dans un coin éloigné des communs de l'établissement jusqu'à ce qu'un clergé discret vienne les enlever silencieusement par quelque porte de service. C'est cynique, c'est féroce ! mais, de la sorte, on n'effraie pas les baigneurs, on ne cause aucune gêne aux voyageurs de plaisir, et on reloue la chambre le jour même!

Chintreuil qui sentait autour de lui ces implacables égoïsmes et ces curiosités odieuses, eut horreur de mourir à l'auberge. — « Partons, dit-il à Jean, je veux mourir à la Tournelle... » Ce retour fut pour Chintreuil une longue torture et pour Desbrosses un véritable chemin de la croix dont nous abrégerons les douloureuses stations. Jean veille à tout, prévoit tout; toujours attentif et toujours souriant, il triomphe de tous les mauvais vouloirs; il touche les indifférents ou achète leurs complaisances; il prend les hôtels d'assaut. Il craignait, à chaque accès de toux, à chaque faiblesse, que son malade passât entre ses bras. Mais il semblait qu'il le prolongeât en lui infusant la vie. Enfin, il eut la consolation de le ramener à la Tournelle. C'était par une chaude et belle journée du commencement de juillet. On déposa Chintreuil, en plein soleil, au seuil de la porte vitrée de la grande salle, sur un matelas et des coussins préparés au jardin, pour le recevoir, et il put promener enfin son œil éteint sur ces lieux qu'il avait tant aimés et où s'étaient écoulées ses heures les plus douces. — « Que c'est beau, disait-il, que c'est beau! » — La joie de se retrouver chez lui le galvanise un instant; les senteurs embaumées de ses parterres de roses, de ses prés en fleur le raniment..... Vingt jours plus tard, tout était fini.....!

III

J'entends une objection que j'ai prévue sans pouvoir l'éviter : — « C'est la biographie de Chintreuil que vous nous racontez là... » — Oui, sans doute, je ne m'en défends pas; mais c'est en même temps la biographie de Jean Desbrosses, puisque les deux existences sont si indissolublement soudées l'une à l'autre qu'elles se confondent inévitablement. Tant que Chintreuil existe, c'est lui qui garde le premier rôle, et Desbrosses se tient dans une pénombre discrète. Il étudie, il se dévoue; voilà en deux mots son histoire.

Comme tous les êtres débiles et souffrants, Chintreuil aimait la solitude. Il redoutait les gens trop bien portants; car la santé est toujours un peu bruyante et involontairement cruelle. On peut dire d'elle, comme du premier âge, qu'elle est sans pitié. Il semblerait à entendre les heureux gaillards comblés de ses avantages qu'on est malade parce qu'on le veut bien, et c'est généralement en vous disant des choses désagréables qu'ils prétendent vous « remonter, » vous « secouer. » — Si l'intention est bonne, elle est loin de se traduire sous une forme bien délicate ; et Chintreuil avait particulièrement horreur de ces impertinentes compatissances. Aussi s'enfermait-il dans son atelier avec une sauvagerie de plus en plus défiante. Ce cénobite, absolument retiré du monde, ne communiquait avec lesiècle — je veux dire avec les marchands, les amateurs, les journalistes, les bureaux de l'administration des Beaux-Arts, — que par l'intermédiaire de Jean Desbrosses. Celui-ci sacrifiait à son ami, à toute heure et sans compter, le capital le plus précieux d'un artiste, son temps.

Toutefois, cette vie commune avait pour le néophyte des avantages qui compensaient amplement ces pertes de temps fâcheuses. Ces deux cœurs qui battaient sans cesse à l'unisson, ces deux âmes qui pensaient, qui admiraient ensemble, qui se pénétraient continuellement, quelle initiation pour le jeune artiste ! Et les luttes de Chintreuil se créant de toutes pièces une poétique neuve, personnelle, originale, se faisant primitif à la façon des préraphaëlites anglais, se résignant courageusement au rôle ingrat de méconnu, trouvant le dédommagement de ses privations et de ses épreuves et puisant sa récompense dans les efforts mêmes qui le rapprochaient de l'idéal poursuivi ! quel exemple !

Mais Desbrosses voit le péril. La personnalité de Chintreuil menace d'absorber la sienne. A force de vivre et de sentir par lui et comme lui, de regarder la nature sous le même angle visuel, il ne se distinguera peut-être plus de son maître que par des nuances difficiles à saisir. Pour échapper au reproche qu'il redoute, et réagir contre le danger, il se met résolument à étudier la figure, et jusqu'à la mort de Chintreuil, c'est comme peintre de paysanneries que nous le connaissons.

Desbrosses débuta au salon de 1861 par un tableau

« les Porteuses d'herbe » remarqué pour le sentiment naïf des personnages et le charme du paysage représentant une lisière de bois enveloppée de brouillard. En 1863, le Jury octroya l'estampille officielle à « la Fileuse », mais il refusa la toile principale du peintre « les Embrasseux ». Chintreuil, lui, était encore bien plus mal partagé puisqu'aucun de ses trois paysages n'avait trouvé grâce devant la Commission d'examen. Jamais du reste la sévérité ou, pour parler plus exactement, le parti pris du Jury de l'Institut n'avait fait plus de victimes. Leurs réclamations parvinrent jusqu'à l'Empereur qui, après s'être fait montrer un certain nombre des toiles empilées dans le magasin néfaste réservé aux exclus, décida la contre exposition des Refusés. Au lieu de se dérober, comme maints confrères, à cette épreuve, Desbrosses et Chintreuil l'affrontèrent crânement. Ils furent les membres les plus actifs du comité qui organisa la lutte et se chargea de publier un catalogue.

Ce document est resté malheureusement incomplet à raison des conditions difficiles dans lesquelles le travail a été fait et de la pusillanimité de certains Réprouvés qui ne voulurent pas laisser trace de leur mésaventure. Mais il n'est pas moins très intéressant à consulter. Nous surprendrions fort le lecteur si nous citions les noms qu'on y rencontre. Beaucoup de ces proscrits d'hier sont aujourd'hui hors concours, décorés et quelques-uns même sont jurés à leur tour. Étrange retour des choses d'ici-bas, car telles de leurs œuvres de 1863 valent bien celles de 1880. Quant aux artistes timorés qui ont esquivé le périlleux honneur de figurer à ce compromettant livret, la brochure de Fernand Desnoyers : « Salon des Refusés. La Peinture en 1863, Paris ; Azur Dutil, éditeur », permet de combler les lacunes et de réintégrer les déserteurs dans le rang.

Ce courageux appel à l'opinion eut un résultat important. Il substitua le Jury élu au singulier Jury qui fonctionnait depuis 1857, Jury formé des quatre premières sections de l'Institut — ce qui par parenthèse appelait des musiciens par exemple à juger des formes et des couleurs. — A ce titre, l'Exposition des Refusés est une date fameuse dans l'histoire de l'administration des Beaux-Arts à notre époque.

« Le jeune Malade » du salon de 1863, » l'Enfant malade, de 1865 et « la Convalescence » du salon de 1870, sont des œuvres conçues dans un sentiment simple et touchant, sans aucune recherche d'ingéniosité. Quel peintre pouvait mieux que Desbrosses exprimer les sollicitudes inquiètes qui veillent auprès des malades, les silences attentifs qu'on fait autour d'eux, les sourires attendris dont on berce leur espoir ! Jamais œuvres ne furent mieux senties ni plus vécues ! « La Brouille » est du salon de 1865. Cette idylle en sabots nous montre que le cœur humain est le même sous la bure et sous la soie. Il n'y a que le cadre, la surface, le costume qui changent. Aux champs comme à la ville l'amour a ses dépits, ses feintes, ses abandons. La belle ici boude encore et se détourne; mais le gars est pressant, et le raccommodement n'est pas loin.

Le salon de 1866, avec « la Belle Rougeaude » signale une tentative discutable, je ne serais pas éloigné de dire une crise, dans le développement progressif de ce jeune talent. Non que l'idée du tableau ait la moindre visée équivoque. Ce paysan, qui surprend endormie à son rouet et le corsage en désordre, une fileuse aux plantureuses carnations, qui l'embrasse sur le bras pour la réveiller et lui offrir les fleurs qu'il a cueillies à son intention, — ce paysan, dis-je, est bien de la même famille que tous les autres inoffensifs personnages du peintre. Mais en présence des proportions inusitées des figures, des excentricités en apparence préméditées de la composition, on se demande si l'on a devant soi l'innocente erreur d'un esprit fourvoyé ou l'un de ces appels retentissants par lesquels un artiste, momentanément découragé de longs et infructueux efforts, essaie de faire violence à l'inattention du public. Nous écartons absolument cette supposition, car nous connaissons trop Desbrosses pour le croire capable de recourir à ces moyens de mauvais aloi; mais nous porter garant de sa bonne foi, c'est admettre la première explication qui, si elle est plus honorable pour le caractère du peintre, est à certains égards moins flatteuse pour son amour propre. « La Belle-Rougeaude » serait donc alors, selon la formule consacrée, l'erreur d'un homme de talent qui prendra sa revanche. Ce tableau mal agencé n'en a pas moins été pour l'artiste, grâce aux dimensions qu'il a données à ses figures, une étude très profitable et cette toile, solidement peinte, offre certaines parties qu'on croirait exécutées avec la brosse virile du Courbet des meilleurs jours.

Heureusement, Jean Desbrosses ne s'égara pas longtemps, et l'année suivante, il racheta les fautes de goût de « La belle Rougeaude » avec « le Secret du Moissonneur, » une scène familière d'un juste accent se déroulant dans un paysage très lumineux et très coloré.

M. Maurice Richard, en qui Desbrosses est toujours assuré de trouver un hôte aimable et un ami éprouvé, possède au château de Millemont une des bonnes pages du peintre « La Femme du Maître d'école » (1) Ce tableau ainsi que « La Porteuse d'herbe au repos » (1869) ; « Le Bonsoir au Berger », « Le sommeil de la Moissonneuse » (1872) sont autant de petits drames bien agencés et bien sentis.

Toutes ces toiles font à Jean Desbrosses une place bien particulière dans le groupe des peintres qui traitent les sujets rustiques. Car il révèle, dans ces tableaux naïfs de la vie des champs, un sentiment qui lui est propre. Quand le naturalisme cherchera ses ancêtres, il ne devra pas oublier de nommer Jean Desbrosses. Et j'entends un naturalisme sain, épanoui bien portant ; — j'ai presque envie de dire un naturalisme vrai, bien que cela ressemble à un pléonasme.

(1) Jean Desbrosses a peint aussi, pour la salle à manger de Millemont, un panneau décoratif représentant une vue du château et du parc.

Car Desbrosses a peint le paysan tel qu'il est, tel qu'il le connaît et qu'il l'aime. Il ne s'est pas borné à en prendre superficiellement l'écorce grossière, comme font tant d'artistes pour qui le paysan n'est qu'un prétexte pittoresque. Il n'en a point fait non plus ce déshérité qu'il n'est pas et ne l'a pas pris pour prétexte à thèses sociales, amères ou menaçantes.

Son paysan, honnête et franc, simple et laborieux, a, comme nous, ses joies, ses amours, ses pudeurs; et devant les innocentes idylles des « Embrasseux » nous disons hardiment : « Honni soit qui mal y pense. »

Déclarons-le pourtant en toute sincérité. Aucun de ces ouvrages ne présente un équilibre complet. Le sentiment délicat qui les distingue, les morceaux très réussis qu'on y remarque — et il en est quelques-uns, le petit paysan « Serpolet » par exemple, que tel membre de l'Institut voudrait avoir signé — sont souvent déparés par de regrettables incorrections. L'esthétique que Desbrosses s'était faite auprès de Chintreuil et qui suffit peut-être pour le paysagiste; cette esthétique de sentiment, où l'amour et le respect de la nature suppléent à tout, se trouve bien vite en défaut dès qu'il s'agit de la figure humaine. Pour traduire celle-ci dans son caractère et sa beauté propres, même sans visées d'idéalisation; pour la faire vivre et se mouvoir; pour lire au-delà de la pose gauche et compassée, de la forme vulgaire et pauvre que le modèle peut donner, il faut une science acquise que les dons de l'organisation ne sauraient remplacer, et que les efforts solitaires de Desbrosses pouvaient difficilement lui procurer.

Comme beaucoup d'artistes de sa génération, Desbrosses a quelque peu subi l'influence de ce paradoxe, qui sévissait il y a une trentaine d'années. L'enseignement, répétait-on, tue la naïveté, déflore le sentiment, efface l'originalité native : donc, fuyez comme la peste écoles et ateliers ! Pour quelques individualités exceptionnelles que cette théorie nous a données, individualités véritablement exquises et d'autant plus savoureuses qu'elles ont tout tiré d'elles-mêmes, que de victimes n'a-t-elle pas faites !

Vous me direz : Ne comptez pas les soldats qui tombent en chemin ; saluez celui-là seulement qui plante le drapeau sur le rempart ! Je sais combien ces points de vue, soi-disant supérieurs, sont tentants pour l'imagination ; mais je ne veux pas me placer si haut. J'estime qu'il vaut mieux que tous les soldats soient armés et équipés de façon à ce qu'il en périsse le moins possible. Tel est le but des Académies et des Conservatoires, qui ont leur utilité quand ils se tiennent dans ces limites modestes.

Nous ne voulons pas, d'ailleurs, plaider leur cause, et nous ne blâmons pas les indépendants qui apprennent où et comme bon leur semble. Nous disons seulement que, devant la figure humaine, il ne suffit pas au peintre de regarder, il doit savoir. Regarder ne dispense pas plus de savoir que savoir ne dispense de regarder, comme le croient malheureusement les forts en thème de la peinture, qui discréditent la science par le mauvais emploi qu'ils en font. Mais de ce que l'enseignement officiel et classique aboutit trop souvent à la routine et au poncif, il ne s'ensuit pas qu'il faille proscrire absolument l'enseignement et imiter ces jeunes artistes qui se mettent à peindre sans préparation aucune, comme ces gens qui se jettent à l'eau sans savoir nager, se fiant aux ressources de l'instinct pour les tirer d'affaire. Ils ne tardent pas à sentir qu'ils s'épuisent sans avancer. Les débiles s'abandonnent et se noient, car ils n'ont pas les vessies de l'école pour les tenir à flot. Quelques-uns seulement, qui ont le courage, la vigueur, la flamme intérieure, luttent en désespérés, et après des efforts surhumains, abordent, meurtris et saignants, la rive enchantée. Que de peines ne leur eussent pas épargnées quelques leçons de natation! Pauvres artistes, tandis que nous acclamons leurs noms glorieux, qui vous dit qu'ils ne regrettent pas amèrement de n'avoir pas commencé par le commencement, d'avoir perdu un temps considérable à se reprendre en sous-œuvre? Qui nous assure, enfin, qu'ils ont touché le but que leur génie rêvait d'atteindre et qu'ils ne se seraient pas encore élevés plus haut, si des moyens d'exécution plus parfaits avaient mieux servi leur inspiration?

IV

Après la mort de Chintreuil, un nouveau Desbrosses se révèle. Il sort de l'ombre que projetait sur lui le maître. Tout en gardant le culte de ses souvenirs, il cherche à combler le vide de son cœur en se créant des relations nouvelles. Discret et serviable, loyal et sûr, il inspire des amitiés solides et dévouées. Comme toutes les natures vierges que n'a pas desséchées l'éternel sarcasme parisien, il a le rire et les larmes à fleur de tête. Son esprit franc et droit, comme le vin pur, n'emprunte rien aux idiomes artificiels du boulevard et de l'atelier. Il est plus modeste qu'il n'en a l'air, et s'il paraît un peu enclin à la jactance, c'est, dit-on, une tendance particulière aux hommes de petite taille. Réservé d'ordinaire, il se laisse facilement entraîner, dans l'ardeur de la discussion, à des virulences qui dépassent sa pensée, mais dont ses adversaires ne peuvent lui garder rancune, parce qu'il amuse ses adversaires eux-mêmes. Volontaire et batailleur, il est toujours prêt pour le combat. C'est don Quichotte dans le corps trapu et court de Sancho; mais un Sancho moins la vulgarité; car la physionomie de Desbrosses est fine, intelligente, mobile, et dans son œil limpide et bon luit une foi d'apôtre.

Il fallait qu'il possédât, en effet, à un rare degré la douceur, unie à la ténacité, et cette chaleur communicative qui vous gagne malgré vous, pour mener à bonne fin la tâche qu'il s'était imposée de venger le pauvre Chintreuil des amertumes dont on l'avait abreuvé si longtemps, et de le placer définitivement au rang qui lui appartient parmi les tendres et doux poëtes de la nature. Puisque le public est ainsi fait, que ses défiances et ses préventions ne capitulent que devant le vain tapage des honneurs officiels, Desbrosses obtiendra pour Chintreuil la consécration des honneurs officiels. C'était hardi, certes, de prétendre ouvrir l'Ecole des Beaux-Arts à ce novateur qui avait cherché systématiquement sa voie en dehors de l'Ecole. N'importe ! Il essaiera, et pour Desbrosses, essayer, c'est réussir.

Quand Desbrosses a rempli ce pieux devoir à l'égard de son ami ; quand, après des prodiges de diplomatie, il a obtenu l'autorisation d'organiser à l'Ecole des Beaux-Arts, cette exposition de l'œuvre de Chintreuil qui fut une véritable révélation pour le public ; quand il a publié ce catalogue illustré (1) qui est un digne hommage rendu à la gloire du maître ; quand, triomphant de mille résistances, il a réussi à élever à Pont-de-Vaux, la ville natale de Chintreuil, le monument commémoratif qu'inaugurèrent avec

(1) *Chintreuil, sa vie, son œuvre* ; par MM. Albert de la Fizelière, Champfleury, Frédéric Henriet; quarante planches gravées, sur les dessins de Jean Desbrosses par MM. Martial, Beauverie, Taiée, Lalauze, etc., etc., Paris, Cadart, 1874.

éclat, le 5 mai 1879, les hautes autorités du département de l'Ain (1) ; quand Desbrosses, avec un désintéressement sur lequel il me reprocherait d'insister, a si noblement couronné son œuvre de réparation et de sacrifice, alors il se ressaisit comme peintre ; la seconde phase de sa carrière commence ; il revient au paysage qu'il aime, qu'il a longuement étudié à Igny, à la Tournelle et il s'y montre de cette forte race d'artistes indépendants et sincères qui nous a donné les Rousseau, les Corot, les Chintreuil, les Daubigny.

Si Desbrosses a trouvé les plus pures joies de son cœur dans la vie commune que la mort a brisée, ce n'a pas été tout avantage pour lui de voir si longtemps son nom inséparablement lié à celui de Chintreuil. Il semblait que la malice s'attachât à exalter Pylade pour mieux laisser le peintre dans l'oubli ; et il a fallu à Desbrosses d'autant plus d'énergie et d'efforts pour dégager sa personnalité du rôle épisodique auquel on voulait la river. Mais la notoriété qu'il s'est acquise aujourd'hui est bien à lui. Il la doit tout entière à son talent. Aucun artifice de langage, aucune perfidie de polémique ne saurait la lui contester.

Sans doute, Desbrosses s'est formé à l'école de Chintreuil ; il s'est imprégné très jeune de ses théories, de son esthétique ; mais il a surtout conservé de ce premier enseignement une entière sincérité devant la nature, et une instinctive horreur de tout joug conventionnel ou académique, de tout ce qui limite en un

(1) Voir à l'appendice.

mot la liberté de l'artiste. Avec un pareil point de départ, Desbrosses ne risquait pas de tomber dans une imitation servile; et, en effet, il faut voir en lui autre chose qu'un reflet ou un écho de Chintreuil. Sans parler de ses motifs pris dans un ordre tout opposé, — ce qui ne constitue, je le reconnais, qu'une différence secondaire, — il se distingue encore de son maître par les solidités particulières de son exécution, et surtout par le sentiment intime qui résulte chez l'artiste du tempérament et du caractère. Une étude de Desbrosses est loin de nous impressionner de la même manière qu'une étude de Chintreuil. Celle-ci nous pénètre par un accent concentré, par le voile de tristesse qui l'enveloppe. Sous le pinceau de Desbrosses, la nature se fait plus expansive et plus épanouie. C'est que ce dernier l'exprime avec la sensation de bien-être que donne la plénitude de la santé, tandis que l'autre fait passer dans ses interprétations maladives ses douloureuses amertumes et ses ombrageuses timidités.

Aussi, le caractère du talent de Desbrosses est-il la sérénité et l'expansion, comme celui de Chintreuil était la mélancolie. Il suffira, pour le démontrer, de passer en revue les pages pleines de sève et de verdeur que Jean Desbrosses a fait défiler sous nos yeux aux Salons de ces huit dernières années, et de noter les petites toiles si fraîches, si lumineuses, si vraies, qui égaient de temps en temps la coquette vitrine d'Allard, le marchand de tableaux de la rue de Seine.

En 1874, lorsque sonna pour les paysagistes l'heure

du départ pour la campagne, Desbrosses ne put se décider à revoir la Tournelle qui lui rappelait de trop pénibles émotions et rouvrait des blessures si récentes. Il espéra tromper sa douleur en dépaysant un peu ses souvenirs, et ce fut dans les Ardennes à Monthermé-Laval-Dieu, au confluent de la Meuse et de la Semoy qu'il demanda le calme et les bienfaisantes consolations du travail. De cette tournée, il rapporta la « Vue des bords de la Semoy » qui figura au Salon de 1875 et reparut à l'Exposition Universelle du Champ de Mars (1). On tint pour l'œuvre d'un chercheur que la banalité ne peut satisfaire cette page d'un caractère original et sévère. Une autre petite « Vue de la Semoy » d'une qualité exquise, la perle et la note émue de ce voyage fut saisie, au débotté, par M. Camille Carpentier, un friand d'art délicat qui confond d'ailleurs, dans une même sympathie et le peintre et sa peinture.

L'été suivant vit Desbrosses dans les monts du Jura. Il prenait goût décidément à la nature alpestre. C'était entrer dans une voie ardue, car les paysages de montagnes avec leurs inévitables complications de plans, présentent des difficultés dont le public tient peu de compte, et Desbrosses avait fait lui-même l'épreuve avec « La Maison au lierre », paysage remarqué au Salon de 1867, qu'il suffit souvent pour toucher l'amateur du motif le plus simple. « Le Rocher des Com-

(1) Gravée par A. Taiée.

mères » du Salon de 1876, et « Le Mont-Noir » du Salon de 1877, proviennent de cette campagne. Le « Mont-Noir » mérite d'être tout particulièrement signalé pour sa franche lumière, la vigueur de ses colorations et la transparence du ruisseau qui étale nonchalamment, au premier plan, ses nappes cristallines sur le sable fin et les cailloux.

C'est à la Savoie que Jean Desbrosses emprunte, l'année suivante, le sujet de son tableau du Salon de 1878. Dans « la Vallée du Chatelard », les fonds et la partie supérieure du tableau étaient remarquablement exécutés ; mais les premiers plans jetaient à l'œil un défi de vert agressif et mordant, qui faisait perdre au peintre le bénéfice des parties réussies de la toile. Est-ce à dire qu'il ne faille pas oser des verts hardis ? Non, mais gare à l'abus. Le second ouvrage de Desbrosses, quoique moins important que le précédent, se classera, croyons-nous, en meilleur rang dans l'œuvre de l'artiste. « Le Cheran » est une claire rivière qui dort entre des rochers, nus à leur base et boisés à leur sommet. C'est un excellent morceau d'après nature, éblouissant de soleil, où les oppositions des tons gris combattent et balancent heureusement les audaces des végétations.

Le docteur Martin envoya Desbrosses, en 1878, soigner, au Mont-Dore, un commencement d'asthme nerveux. C'est donc par ordre de la Faculté qu'il fit connaissance avec les monts d'Auvergne. Mais Desbrosses ne se laissa pas absorber exclusivement par les soins du traitement. Il mena de front les verres d'eau, les douches et le travail. « Les Fonds de la Bourboule » et « la Côte du Tartaret » eussent-ils été l'unique résultat de cette saison, qu'il faudrait encore savoir gré au docteur de son ordonnance. « La Côte du Tartaret », surtout, s'imposa victorieusement au Salon de 1879. Elle faisait des promesses que le Salon de 1880 a généreusement tenues. Tous les connaisseurs ont apprécié, en effet, à la dernière exposition, la « Vue de Mont-Dore-les-Bains ». Le peintre a choisi la fin d'une belle journée d'été. L'ombre produite par la montagne du Capucin s'allonge dans la vallée ; à travers les pierres délavées, se faufile le ruisseau qui, plus loin, deviendra la Dordogne. Le soleil, qui descend à l'horizon, fait pétiller au loin les toits de Mont-Dore-les-Bains et caresse d'un ardent rayon la côte rocheuse qui domine le village. La netteté des lointains atteste la fluidité de l'air, et il semble que l'on perçoive la salutaire impression de cette pure atmosphère. Les verts d'ombre sont puissants et justes, et le peintre les fait accepter, cette fois, par les amateurs les plus prévenus contre l'emploi d'une couleur qu'il faut leur doser avec ménagement.

La seconde toile de Desbrosses, « Dans la Montagne », souvenirun peu transfiguré de la vallée de Chaud-de-Four, nous transporte aux extrêmes altitudes. C'est un entonnoir de montagnes qu'un ruisseau, descendant en bruyantes cascatelles des cimes neigeuses d'alentour, tient frais et verdoyant. Les vapeurs se condensent autour des pics dentelés qui couronnent cette espèce de cirque ou glissent en nuages floconneux devant les pentes couvertes de maigres taillis. Majestueusement assis sur un mamelon, un ours s'est emparé de ces solitudes déshéritées comme de son domaine naturel. C'est une œuvre originale et forte, d'une recherche rare, à laquelle le public, les critiques d'art — et même le Jury, à sa façon, — ont rendu justice (1).

Ainsi que le lecteur a pu voir par les tableaux que nous venons de faire passer rapidement sous ses yeux, Desbrosses traduit de préférence l'éclat des ciels d'été, les limpidités de l'atmosphère, les ruissellements de la pleine lumière et les intensités du vert. C'est un vaillant que la difficulté éperonne. Il ne se contente jamais de l'à peu près, et s'il pèche, c'est par excès de conscience. Par horreur du lâché, il veut tout affirmer, tout préciser. Son incomparable modèle, la nature, ne lui en donne pourtant pas l'exemple. Elle ne s'explique pas rigoureusement pour notre œil, et le vague, l'indistinct, le mystérieux règnent partout chez elle à côté des choses qui s'écrivent et s'accentuent. C'est précisément ce mélange qui fait la vie, le charme et la vibration du paysage. En ne laissant rien d'indécis, d'indéterminé; en modelant trop scrupuleusement son tableau dans toutes ses parties, Desbrosses solidifie et immobilise son paysage. Il y a un autre écueil encore à ne pas s'arrêter à temps, c'est de laisser voir l'effort, la peine. Or, un des pre-

(1) Voir appendice.

miers devoirs d'une œuvre d'art, c'est de dissimuler la plus ou moins douloureuse élaboration qu'elle a coûtée. C'est de paraître née spontanément, facilement venue. Il serait donc très désirable que Desbrosses s'abandonnât un peu plus à lui-même.

Il peut le faire sans danger parce qu'il a tout un passé de labeur patient et sévère qui le protège. Il gagnera à traiter ses premiers plans avec plus de liberté, à leur donner dans ses tableaux un rôle plus subordonné, à modérer les intémpérances de vert qui l'entraînent parfois. C'est ainsi qu'il acquerra la largeur, l'harmonie, la souplesse. Ses œuvres perdront cette apparence d'études et de morceaux qu'elles ont un peu gardées jusqu'ici pour revêtir un caractère plus général, plus synthétique. Son dernier tableau « Dans les montagnes » est un premier pas dans cette voie. L'artiste touche à cette évolution décisive qui lui ouvrira les régions supérieures de l'art. Encore un coup d'aile, et Jean Desbrosses sera maître à son tour comme le poëte de « Pluie et Soleil » et des « Premières clartés » !

Mai 1880.

APPENDICE

Notre étude sur Chintreuil parut dans le journal l'*Artiste*, numéro du 24 octobre 1858, et fut publiée ensuite en brochure tirée à 500 exemplaires (Paris, J. Claye, 1858), sous ce titre insuffisamment explicite : CHINTREUIL, ESQUISSE BIOGRAPHIQUE PAR FRÉDÉRIC HENRIET.

Nous n'avions pas eu, comme aujourd'hui par exemple, la précaution de classer notre essai sous une de ces rubriques générales qui en indiquent tout d'abord le but et le caractère. Champfleury souligna notre inexpérience par un mot plaisant. Un jour qu'il se trouvait dans une de ces librairies où se réunit à certaines heures la gent littéraire, ses yeux tombèrent sur notre brochure, il la prit d'un air comiquement interrogateur : « Chintreuil..., dit-il, qui ça Chintreuil? par Frédéric Henriet! qui ça, Frédéric Henriet??

Frédéric Henriet est resté Gros-Jean comme devant; mais on demanderait s'il revient des antipodes à celui qui dirait encore aujourd'hui : « Qui ça, Chintreuil? »

Joseph-Gabriel Desbrosses est né à Bouchain (Nord), le 22 décembre 1819. Après avoir travaillé quelque temps chez un architecte, il entra chez David d'Angers qui, frappé de ses dispositions, le prit comme élève sans rétribution. En dehors de ses heures d'étude à l'atelier David, Joseph battait monnaie avec des travaux d'ordre commercial, sujets de pendules, modèles pour l'orfèvrerie, etc. Il apportait dans toutes ses compositions une abondance, une imagination que Feuchère apprécia et utilisa souvent. Joseph Desbrosses fit aussi à des prix dérisoires des modèles en plâtre pour M. Franck qui avait inventé un moyen d'obtenir des bas-reliefs en bois par la pression de moules chauffés à blanc. Mais, faute de fonds pour perfectionner son outillage, M. Franck ne poursuivit pas son idée. Privé de cette ressource, Desbrosses serra d'un cran la boucle de son pantalon et s'affilia à la société des Buveurs d'eau. — C'était au moins de l'à-propos. Murger réunissait, dans sa mansarde de la rue de la Tour-d'Auvergne, ce cénacle artistique et littéraire où se rencontraient Baudelaire, Champfleury, Tabar, Chintreuil, E. Villain, A. de la Fizelière, etc. Celui-ci prit Joseph Desbrosses en affection, et, grâce à ses relations, lui recruta des protecteurs qui lui demandèrent un buste de jeune fille. Cette commande ne devait pas être la seule, mais Joseph tomba malade. Son tempérament, délabré par les privations, ouvrait le champ libre aux ravages du mal, qui prit bientôt un caractère alarmant. Il entra à l'hôpital Saint-Louis, où tous ceux qui l'approchèrent, médecin, sœurs, aumônier, rivalisèrent d'attentions pour lui faire plus doux les jours de grâce que l'implacable phtisie lui avait comptés (1844).

Nous ne connaissons de Joseph Desbrosses qu'une statuette, en plâtre, représentant un grenadier de la République pansant son pied blessé. Cette figurine, d'un sentiment très juste, d'une allure très vivante, justifie pleinement les espérances que les camarades du jeune artiste fondaient sur son talent. Nous souhaiterions qu'un éditeur, tenté par les qualités pittoresques de ce petit plâtre et par l'actualité du sujet, sauvât de l'oubli l'œuvre à peu près unique qu'a laissée Joseph Desbrosses.

Georges-Albert-Léon Laujol de Lafage naquit à Paris en décembre 1832. Son père, ancien officier de marine, littérateur attaché à la collaboration du Journal la *Réforme* et du *National*, vit sans déplaisir la vocation artistique de ses fils, Georges et Amilcar, et les deux frères entrèrent chez Vigneron. Quand le peintre populaire du « Soldat Laboureur » et du « Convoi du Pauvre » l'eut mis à même de dessiner convenablement une académie d'après le plâtre, Georges s'empressa de quitter un atelier qui était loin de répondre aux aspirations de la jeunesse d'alors. Son goût le portait en effet à se joindre au groupe qui gravitait autour de Corot, et Corot est véritablement son maître. Lafage s'est cependant toujours déclaré, aux livrets du Salon, élève de Diaz qu'il connut intimement, — il était son voisin, rue Houdon, à Montmartre, — et de qui il reçut encouragements et conseils.

Lafage débuta au Salon de 1850-51, avec trois études de paysage d'un coloris tendre et frais. Nous en citerons une que ses amis n'ont pas oubliée, « le Trou à l'herbe. » A l'exemple de Chintreuil, Lafage affectionnait les verdures printanières, et les blancheurs nacrées du matin. En 1853, il exposa deux peintures également sincères et naïves et une lithographie d'après Bellel.

L'on trouve dans l'ancienne collection de l'*Artiste* plusieurs lithographies de sa main finement traitées, notamment une très intelligente reproduction d'un tableau de Chintreuil, qui parut au Salon de 1853, sous le titre « Soir d'automne » et se trouve actuellement au musée du Luxembourg.

Lafage figure avec quatre toiles à l'Exposition universelle de 1855, et envoie encore au Salon de 1857 trois paysages qui lui valurent une mention honorable. Qui eut dit que ce devrait être les adieux de ce grand et beau garçon, sympathique à tous, exubérant, épanoui, heureux de vivre ! Confiant dans sa force, il bravait les intempéries et supportait tous les caprices de l'atmosphère, négligeant les précautions qu'il voyait prendre à ses confrères moins robustes. Il rapporta, d'une de ses séances, une bronchite qui dégénéra en phtisie galopante et mourut le 23 mars 1858, âgé de 26 ans, au moment où son talent donnait les plus belles promesses et commençait à lui faire une notoriété.

Son frère Amilcar de Lafage, qui occupe un emploi de dessinateur au ministère de la marine, figure à la section de lithographie du livret de 1852.

Léopold Desbrosses naquit à Bouchain le 22 juillet 1822. Il avait dix ans lorsque sa famille se fixa à Paris, rue des Saussaies. Elève de Paul Delaroche et de Corot, il s'est voué à la peinture de paysage, et a exposé pour la première fois en 1850. Nous le retrouvons ensuite, soit à la section de peinture, soit à la section de gravure aux Salons de 1859-61-63-69-70-74-75-76-77-78-79-80. Comme graveur, son œuvre est assez considérable. Il a publié une suite d'eaux-fortes pour ***Paris nouveau*** : « Squares et Parcs »; il a exécuté diverses planches pour « l'Art» et la « Gazette des Beaux-Arts, » d'après des maîtres anciens et modernes, Diaz, Boucher, Franz Halls, Corot, Th. Rousseau, etc. Ses planches capitales sont la «Charge des Cuirassiers de Waterloo » inspirée des « Misérables » de Victor Hugo, « les Casseurs de pierre » de Courbet, et la « Mare aux Grenouilles, » eau-forte originale exposée en 1863. Il a pris une part importante, sous la direction du colonel Langlois, aux travaux du Diorama, dans lesquels il a acquis une remarquable habileté.

Caqué, l'*alter ego* de Carette, n'a pas d'histoire, et le pauvre diable n'en a pas été plus heureux pour cela. Il a disparu dans le gouffre où tombent les fausses vocations et les caractères sans ressort, et ses amis, Carette lui-même, ont complètement perdu sa trace. Si le nom a quelque notoriété, c'est à son père, Armand Caqué, qu'en revient le mérite.

Armand Caqué était un graveur en médailles, natif de Saintes, à qui l'on doit la suite : galerie numismatique des Rois de France. Il a été attaché comme graveur au cabinet de Madame la Dauphine, a été employé à la monnaie des médailles de Hollande de 1817 à 1818, a exposé en 1828 le portrait médaillon du roi Louis-Philippe ; en 1850, diverses médailles se rapportant aux événements de la présidence du prince Louis-Napoléon, et en 1852, une médaille à l'effigie du Prince-Président de la République.

Le monument élevé à la mémoire de Chintreuil sur la place des Cordeliers, à Pont-de-Vaux (Ain), consiste en un buste vigoureusement taillé dans la pierre par un statuaire de talent, M. Baujault. Ce buste domine un piédestal d'un excellent effet décoratif dans sa simplicité sévère, dont M. Bruneau a été l'architecte.

Les fêtes d'inauguration eurent lieu le 5 mai 1879 et réunirent, dans un sympathique concours, les populations locales et les hautes autorités du département. Des discours émus et éloquents furent prononcés par M. le général Wolf, un glorieux enfant de Pont-de-Vaux, commandant la 7e région militaire, et venu de Besançon pour présider la cérémonie ; par Jean Desbrosses ; par le docteur Aimé Martin ; par M. Mollard, conseiller municipal, représentant le maire empêché, M. Herbet.

Une brochure in-8°, publiée par les soins de la municipalité de Pont-de-Vaux (imprimerie Authier et Barbier, à Bourg), donne la relation complète des fêtes, reproduit les discours et toasts prononcés à cette occasion, ainsi que des extraits du *Courrier de l'Ain* (M. Pierre Barbier); du *Journal de Saône-et-Loire;* du *Journal de Tournus* (M. Bellenaud); du *Courrier du Soir* (M. Numa Coste); du *Soleil* (M. Emile Cardon); du *Temps*; du *Gaulois*, etc.

Le Conseil municipal, à la suite de cette solennité, qui laissa dans tous les cœurs les meilleurs souvenirs, vota des remerciements à Jean Desbrosses. Voici l'extrait du procès-verbal de la séance du 11 mai 1879, où fut prise cette délibération :

« L'an mil huit cent soixante-dix-neuf, et le onze du » mois de mai, le Conseil municipal de la commune de » Pont-de-Vaux, convoqué par écrit, s'est réuni au lieu » ordinaire de ses séances pour la continuation de la ses- » sion de mai.

» Présents, MM. Janaudy et Guillot, adjoints; Promo- » net, Grezaud, Ducret, Pain, Bayle. Mollard, Maurand, » Puget, Benoit, Rougeboux, Doury, Demoge, Vulin et » Simonet.

» M. Mollard continue à remplir les fonctions de secré- » taire.

» Le Conseil municipal ne veut pas clore sa session lé- » gale de mai sans exprimer publiquement, au nom de la » ville de Pont-de-Vaux qu'il représente, l'expression de » sa profonde reconnaissance à M. Jean Desbrosses, l'ami » dévoué et l'élève de Chintreuil, à l'initiative duquel est » dû le monument érigé en l'honneur de ce grand artiste, » monument dont il a, dans sa piété filiale, généreuse-

» ment payé tous les frais. La ville de Pont-de-Vaux est
» impuissante à en témoigner autrement ses remercie-
» ments à M. Desbrosses, et, à l'exemple des cités an-
» tiques décernant à leurs bienfaiteurs étrangers des
» honneurs publics, elle ne peut offrir à M. Desbrosses
» que le droit de cité, l'assurant qu'elle sera toujours fière
» et honorée s'il veut bien accepter ce titre et se consi-
» dérer, à l'avenir, comme un enfant adoptif de Pont-de-
» Vaux.

» Ainsi fait et délibéré, et ont, les membres présents,
» signé après lecture faite. » (Suivent les signatures.)

Pour extrait, certifié conforme,

Pont-de-Vaux, le 22 mai 1879.

Le Maire : HERBET.

Le conseil municipal offrit en outre à Jean Desbrosses le titre de Conservateur du Musée de peinture qu'il est question de détacher du Musée d'Histoire naturelle avec lequel il est actuellement confondu, pour le transporter dans un local spécialement affecté à cette destination, la maison de l'Arquebuse. M. Berthet, le digne conservateur de la section d'histoire naturelle, continuera à donner ses soins à cette intéressante collection qui lui doit déjà une grande partie de ses richesses. De cette façon, Pont-de-Vaux aura l'avantage de posséder deux musées, et je ne sais pas s'il est un autre chef-lieu de canton en France qui puisse en dire autant.

C'est à Chintreuil que revient l'honneur d'avoir eu, le premier, l'idée de créer un musée dans sa ville natale. Prêchant d'exemple, il envoya plusieurs toiles qui furent le point de départ de la collection actuelle. Jean Desbrosses fit hommage à la ville, en 1870, du portrait de Chintreuil, et l'on peut croire que les intérêts de ce musée qui le touche par tant de fibres, ne périciliteront pas entre ses mains. Il a déjà inauguré ses fonctions et répondu à ce nouveau témoignage d'estime de la part du conseil municipal, par l'envoi de plusieurs toiles, de divers artistes, qui permettront bientôt au musée de Pont-de-Vaux de soutenir avantageusement la comparaison avec les musées voisins.

Le tableau du Salon de 1880 : « Dans les montagnes » fut fort mal placé dans la première période de l'Exposition, malgré le bon numéro de classement que lui avait donné le jury, et ne put être véritablement apprécié à sa valeur qu'après le remaniement. Il fut acheté par l'Administration et envoyé au musée de Valenciennes. Cette belle page a inspiré à M. Léon Duvauchel, un de nos jeunes poëtes les plus épris de la nature, quelques strophes que l'on nous saura gré de citer. Nous ne pouvons assurément mieux clore notre travail qu'en laissant le lecteur sous le charme de cette fraîche et poétique vision de l'œuvre de Jean Desbrosses.

LE BROUILLARD DANS LES MONTAGNES. (1)

Le brouillard automnal que la pluie accompagne,
— Tandis que dans le fond du vallon abrité
Le paysage agreste est en pleine clarté, —
Jette un long voile gris sur la haute montagne.

Accrochés aux rochers pareils à des menhirs,
Cardés par les sapins à la cime pointue,
En maint endroit les bords déchirés de la nue
Ont laissé des flocons, de légers souvenirs.

Pourtant, si tout le ciel perd son aspect superbe,
Les gazons veloutés sont plus beaux, plus épais,
Humectés de cette eau qui tombe des sommets :
La fraîcheur des grands bois rit aux fraîcheurs de l'herbe ;

Et bientôt dans sa course aux pentes du ravin,
Le rapide ruisseau, fait de neige, où vont boire
Les ours, sous un rayon se nuançant de moire,
Bouillonnera plus clair sur un sable plus fin...

— L'homme sage est ainsi : les plus rudes alarmes
Ne font que rembrunir son front durant un soir ;
Toujours en ses chagrins brille un semblant d'espoir
Et son cœur reverdit sous l'averse des larmes.

11 février 1880.

(1) Cette pièce est tirée d'un volume de poésies de M. Léon Duvauchel, *La Clé des Champs*, Paris 1881, chez Lemerre.

Argenteuil.— Imprimerie P. Worms

OUVRAGES DU MÊME AUTEUR :

Le Paysagiste aux Champs, un vol. grand in-8° avec eaux-fortes, par de Bellée, Cassagne, Corot, Daubigny, Léopold et Jean Desbrosses, Harpignies, Maxime Lalanne, Lhermitte, Pequegnot, Portier de Beaulieu, Veyrassat, etc., etc. — Paris 1876, A. Lévy, éditeur, 13, rue Lafayette.

C. Daubigny et son œuvre gravé, avec eaux-fortes et bois inédits, par C. Daubigny, Karl Daubigny, Léon Lhermitte, etc., etc. (Ouvrage complété après la mort de Daubigny). — Un vol. gr. in-8°, Paris 1875-1878, A. Lévy, éditeur.

Chintreuil, sa vie, son œuvre, par Albert de la Fizelière, Champfleury, Frédéric Henriet ; quarante planches gravées sur les dessins de Jean Desbrosses, par Martial, Beauverie, Taiée, Lalauze, etc., etc. — Paris, Cadart, 1873.

ARGENTEUIL. — IMPRIMERIE P. WORMS.

www.ingramcontent.com/pod-product-compliance
Ingram Content Group UK Ltd.
Pitfield, Milton Keynes, MK11 3LW, UK
UKHW020437230726
13925UKWH00004B/1739

9 782019 229283